Genehmigte Sonderausgabe

Gesamtherstellung: Naumann + Göbel Verlagsgesellschaft mbH
in der VEMAG Verlags und Medien AG, Köln

ISBN 3-625-20648-X

Petra Kulbatzki

Spiele für Regentage

Illustrationen von Kerstin Völker

Inhalt

Der Dschungel hat Arme!

Spieler mind. 10

Alter ab 4

■ **Ein Gruppen-Wettspiel. „Blinde" Forscher müssen durch einen Wald von Fleisch fressenden Pflanzen hindurch. Wie viele kommen am Ziel an?**

■ **Material: Augenbinden für die Hälfte der Kinder**

Die Kinder teilen sich in zwei Gruppen ein und zählen aus, welche Gruppe als Forscher-Team starten darf. Die anderen, die Fleisch fressenden Pflanzen, verteilen sich überall im Zimmer, das je nach Mitspielerzahl nicht zu groß sein sollte. Die Forscher stellen sich an einem Zimmerende auf und sollen auf ihrer Nachtwanderung die gegenüber liegende Zimmerwand erreichen. Sie dürfen sich die Standorte der Fleisch fressenden Pflanzen noch einmal in aller Ruhe einprägen, dann wird es Nacht. Das heißt: Die Forscher verbinden sich gegenseitig die Augen. Die Pflanzen dürfen ihre Position dann nicht mehr verändern!

Jeder der Dschungel-Experten bemüht sich – aufrecht laufend, auf den Knien oder sogar auf allen Vieren – die vorgeschriebene Strecke zurückzulegen, möglichst ohne eine Pflanze auch nur zu streifen. Bei der kleinsten Berührung umfangen die Pflanzen ihr Opfer und lassen es nicht mehr los. Pflanzen, die zuschnappen, ohne berührt worden zu sein, müssen ein Pfand geben.

Es lauert in den Ecken!

Spieler
mind. 4

Alter
ab 6

■ **Ein Spieler denkt sich Aufgaben für seine Mitspieler aus, ohne zu ahnen, welche davon ihn selbst treffen wird.**

Eines der vier Kinder muss den Raum verlassen. Bei größerer Mitspielerzahl finden sich Vierergruppen zusammen. Während das ausgezählte Kind draußen wartet, teilen die anderen drei die Zimmerecken auf. Jedem Kind, auch dem vor der Tür, wird eine Ecke des Zimmers zugedacht. Dann ruft man das Kind, das vor der Tür wartet, herein, zeigt in eine beliebige Ecke und fragt: „Was soll das Kind tun, dem diese Ecke gehört?"

Da das Kind, das sich die Aufgaben ausdenkt, nicht ahnen kann, wann es selber mit Vorführen an der Reihe ist, wird es sich hüten, allzu schwierige Aufgaben zu stellen.

7

Tarzan macht Urlaub

Spieler
viele

Alter
ab 4

■ **Ein einmaliges Spiel. Das heißt: Wenn es alle kennen gelernt haben, kann man es nicht mehr spielen.**

■ **Material: eine Decke und ein Stock**

Tarzan wird ausgezählt oder ernennt sich selbst. Dann nimmt man ihn zur Seite und weiht ihn in eine Rolle ein, (die aus der Spielbeschreibung ersichtlich wird). Die Decke locker um die Schulter gelegt, den Stock in der Hand, kehrt er zur Gruppe zurück. Dort geht er etwas unschlüssig umher, bleibt mal vor dem einen, dann vor dem anderen stehen. Schließlich pocht er jemandem mit dem Stock leicht auf die Brust und sagt: „Tarzan macht Urlaub. Und du kommst mit!"

Der oder die Auserwählte läuft nun hinter Tarzan her. Der Nächste wird angestubst und aufgefordert, mit Tarzan Urlaub zu machen. So reiht Tarzan schließlich einen Urlauber an den anderen. Schließlich sind alle Mitspieler unterwegs. Der ganze lange Rattenschwanz zottelt brav hinter Tarzan her und ahmt seine Bewegungen nach. Und wenn Tarzan meint, dass er nur noch auf allen Vieren weiterkommen kann, müssen seine Mitreisenden sich natürlich auch so weiterbewegen, denn schließlich kennt Tarzan sich im Dschungel aus.

Irgendwann bleibt Tarzan plötzlich stehen. Nachdenklich betrachtet er die Schlange hinter sich, schüttelt ungläubig den Kopf und sagt: „Tarzan macht Urlaub – und alle großen und kleinen Affen gehen mit!"

8

Psst! Ganz leise!

Spieler mind. 8

Alter ab 4

■ **Ein Platzwechsel-Spiel, bei dem ein „blinder" Mitspieler durch möglichst lautlose Bewegungen ausgetrickst wird.**

■ **Material: ein Tuch oder Schal**

Die alte Katze ist völlig blind und merkt deshalb nicht, wie ihr die Mäuse auf der Nase herumtanzen. Die wandern lustig zwischen Mauseloch und Speisekammer hin und her, besuchen sich gegenseitig und scheren sich kein Stück darum, ob die alte Katze da sitzt oder nicht. Aber sie wissen, dass sie bei allem Hin und Her sehr leise sein müssen, denn wenn die alte Katze auch stockblind ist: Hören kann sie sehr gut!

Die Kinder zählen „eine alte Katze" aus und verbinden ihr die Augen. Dann stellen sich alle als „Mäuschen" im Kreis um sie herum auf.

Jeweils zwei Kinder verständigen sich mit Zeichen darüber, ob sie die Plätze tauschen wollen. Bei kleinen Kindern übernimmt das ein Spielleiter. Wie schon gesagt, soll das möglichst ohne Geräusche passieren. Sind zwei Kinder sich einig geworden, machen sie sich gleichzeitig auf den Weg und versuchen, den Platz des anderen in der Kreislinie einzunehmen. Das ist der große Moment für die alte Katze, die ihre Ohren nun aufs Äußerste spitzt. Kann sie eins der vorwitzigen Mäuschen auf seinem Weg durch das Kreisinnere abfangen, ist sie erlöst und darf dessen Platz im Kreisrund einnehmen. Das gefangene Mäuschen bekommt die Augen verbunden und muss die alte Katze spielen.

Also – psst! Ihr Mäuschen, ganz leise!

Alle Flossen auf den Tisch

Spieler mind. 5

Alter ab 4

■ Ein quietschfideles Fischfangspiel für Eltern und Kinder

Die Kinder stehen oder sitzen in einer Reihe am Tisch und haben beide Hände flach auf die Platte gelegt. Vater oder Mutter streichen mit flacher Hand leicht darüber und sagen dabei:

„Fischers Fritze fischt frische Fische. Hat den ganzen Tag gefischt und noch keinen Fisch erwischt!"

Noch während das „erwischt" möglichst langgezogen ausgesprochen wird, müssen die Kinder ganz schnell die Hände vom Tisch ziehen. Mit „Jetzt hat er einen!" packen Vater oder Mutter dann blitzschnell zu und halten die Hand des kleinen Träumers fest, der nicht schnell genug entwischen konnte.

Dieses Fischchen muss leider ausscheiden. Die anderen spielen munter weiter, bis nur noch ein Kind übrigbleibt. Der Sieger bekommt einen Preis.

Traust du dich?

Spieler mind. 2

Alter ab 6

■ **Ein Eltern-Kind-Spiel. Die Kinder führen die „blinden" Eltern.**

■ **Matrial: pro Elternteil ein Tuch oder Schal**

Kinder erleben in diesem Spiel eine doppelte Bestätigung: Sie dürfen mal die Überlegenen sein, die die „schwachen" Eltern an die Hand nehmen und führen. Und sie erleben, dass die Eltern sich ihnen anvertrauen, sich im wahrsten Sinne des Wortes „in die Hände" der Kinder begeben.

Zu Beginn des Spiels werden einige Regeln festgesetzt. Eltern und Kind(er) besprechen, in welchem Rahmen der Rundgang stattfinden soll, dass Hindernisse angekündigt und eventuell beschrieben werden, dass Anecken und Anstoßen nach Möglichkeiten vermieden werden soll. Außerdem wird eine Zeit abgemacht, nach deren Ablauf die Eltern die Augenbinde abnehmen dürfen oder Eltern und Kinder die Rollen tauschen. Können die Kinder die Uhr noch nicht richtig lesen, einfach einen Wecker stellen. Nach einigen Runden trauen die Partner sich zu, einige Veränderungen im Raum vorzunehmen oder kleine Hindernisse in die Gehstrecke aufzunehmen, die nicht mehr angekündigt, sondern einfach gemeinsam überschritten werden.

Dieses Spiel kann ein Elternteil gut allein mit seinem Kind spielen. Für die Kinder bedeutet es ein großes Vergnügen, sich als „Blindenführer" zu erleben. Von den Eltern erfordert dieses Spiel in jedem Fall eine gehörige Portion Mut.

11

Schnapp es dir!

Spieler mind. 2

Alter ab 6

■ **Zwei Spieler versuchen, ein an einem Faden befestigtes Bonbon in ihren Mund zu ziehen.**

■ **Material: ein Bonbon, dünner Faden (ca. 1 m)**

Das Bonbon wird in die Mitte des Fadens geknotet. Die beiden Spieler stehen sich gegenüber. Jeder nimmt ein Ende des Fadens in den Mund. Auf ein Startsignal hin versuchen beide Kinder, das Bonbon in den Mund zu ziehen. Der Einsatz von Händen, Füßen und anderen Hilfsmitteln ist dabei untersagt! Nur die Zunge, die Lippen und die Zähne sollen zum Sieg – und zum Bonbon – verhelfen.

Die anderen Kinder können ihren Favoriten natürlich anfeuern: „Gleich hast du's, schnapp zu!" Oder sie können den Gegenspieler durch witzige Bemerkungen lahm legen: „Du siehst aus wie Garfield, wenn er Lasagne sieht!" Die Kandidaten müssen sich da schon sehr konzentrieren, denn wer lachen muss, kann keinen Zentimeter Faden mehr gewinnen!

12

Der Stuhl ist heiß

Spieler
viele

Alter
ab 6

■ **Ein Spiel mit viel Bewegung.
Es geht darum, einen freien Platz
zu ergattern.**

■ **Material: Stühle (einer weniger,
als Mitspieler da sind)**

Die Stühle werden im Kreis aufgestellt.
Durch Losziehen oder Abzählen wird
der erste Platzsuchende ermittelt. Er
stellt sich in die Mitte, alle anderen Kinder nehmen auf den Stühlen Platz.
Immer zwei von ihnen müssen sich verständigen und auf ein geheimes Zeichen den Platz tauschen. Das ist die
Gelegenheit für das Kind in der Mitte,
endlich einen Sitzplatz zu ergattern!
Voraussetzung ist, dass es die Verhand-
lungen der anderen Kinder mitbe-
kommt und dass es schneller läuft als
einer der beiden Platzwechsler. In allen
brenzligen Situationen hat der Platzsuchende das Vorrecht: Es reicht, wenn
er den Stuhl berührt, um ihn zu seiner
neuen Bleibe zu machen. Der vorherige
Besitzer geht dann in die Mitte des
Kreises und versucht, sich einen neuen
Sitzplatz zu erobern. Steht ein Kind zu
lange in der Mitte, und das Spiel droht
langweilig zu werden, darf es zum
Äußersten greifen. Der Platzsuchende
ruft: „Der Stuhl ist heiß!" Dann müssen alle Kinder zur gleichen Zeit auf-
springen und sich einen neuen Platz
suchen. In dem Durcheinander wird es
dem Dauersuchenden sicher gelingen,
einen Stuhl zu besetzen!

Chinesisches Lotto

■ **Material: eine gute Handvoll dünner Wollfäden (alle ca. zwei bis drei Meter lang), viele unterschiedliche Preise, auch ein paar Nieten (z. B. Zettel mit lustigen Sprüchen), ein großer Karton, ein Draht- oder Plastikring, eine Schere**

Alle Preise und Nieten werden am Ende je eines Fadens befestigt. Das ganze Bündel der Fäden zieht man durch den Ring, der an erhöhter Stelle (z. B. am Türrahmen) aufgehängt wurde. Unter dem Ring steht ein (chinesischer) Gehilfe, der das Fadenbündel in der Hand hält. Die Fäden sollten so lang sein, dass die kleinen Überraschungen, die daran hängen, in einem Karton verschwinden können, den man unter den Ring auf den Boden stellt.

Nacheinander treten die Kinder zu dem Chinesen, der ihnen das Fadenbündel hinhält. Jedes Kind sucht sich einen einzelnen Faden aus und zieht daran seinen Preis aus dem Karton hervor. Der wird sofort abgeschnitten und der dazugehörige Faden entfernt. Das Bündel wird also immer dünner. Hat eines der Kinder schon zwei oder drei Nieten gezogen, wird der chinesische Gehilfe ihm vielleicht auf unauffällige Art und Weise einen Tipp geben, an welchem Faden ein fetter Brocken hängen könnte.

14

Stecknadel im Heuhaufen

Spieler mind. 4

Alter ab 4

■ **Material: ein großer Karton (bei mehr als vier Kindern auch mehrere), Holzwolle oder kleine Styroporteilchen**

Ein Gewinnspiel ganz ohne Leistungsstress! Der Karton wird auf Drahtreste und scharfe Kanten untersucht. Sind alle Verletzungsgefahren beseitigt, füllt man ihn mit Holzwolle oder Styropor-Chips und versteckt kleine Preise darin.

Die Kinder dürfen dann so lange graben, wühlen und suchen, bis sie ein Geschenk gefunden haben. In diesem Spiel empfiehlt es sich tatsächlich, alle Kleinigkeiten mit Namen oder mit den Kindern zugeordneten Zeichen zu versehen. Es könnte sonst passieren, dass, wie so oft, die Racker mit den kräftigsten Ellenbogen sich durchsetzen und tüchtig absahnen, während die eher Schüchternen kaum dazu kommen, sich über den Kartonrand zu beugen. Wer einen Preis erwischt, der offensichtlich nicht ihm zugedacht ist, muss ihn wieder zurückstecken.

15

Spieler mind. 8

Alter ab 10

16

Alles Super!

■ **Pantomimespiel um Werbesprüche**

■ **Material: Lose, ein Hut oder Ähnliches**

In Anlehnung an markige Werbesprüche, witzige Werbespots oder unverwechselbare Attribute soll ein bekanntes Produkt pantomimisch so angepriesen werden, dass die Mitspieler es erkennen können. Um welche Produkte es gehen soll, steht auf einem Los, das man vorher zieht. Derjenige, der den Spot erkannt hat, darf das nächste Los ziehen. Oder man beschließt, dass alle in bestimmter Reihenfolge in den Hut greifen. So kommt garantiert jeder einmal dran.

Auf die Lose schreibt man die Namen gängiger Markenprodukte, die häufig im Fernsehen oder im Radio beworben werden. Nach kräftiger Mischung der gefalteten Zettelchen im Hut zieht ein Mitspieler das erste Los und darf sich fünf Minuten zur Vorbereitung zurückziehen. Was stand wohl auf dem Los, das er gezogen hat?

Er kommt zurück, zieht einen Sessel heran und holt sich z. B. das letzte Stück Torte vom Tisch. Gierig mampft und schluckt er mit rollenden Augen und kippt dann plötzlich mitsamt Sessel um. – Richtig! Das ist doch diese wunderbar leichte Quarkcreme, nach deren Genuss gerade so etwas nicht passieren soll. Na also, war doch gar nicht so schwer!

Wahrscheinlich erkennen alle genauso schnell den netten Onkel mit den toll saftigen Apfelsinen und die sympathische Nachbarin, die einer Gastgeberin mit der richtigen Kaffeemarke zu einem rundum geglückten Familienfest verhilft.

Spieler mind. 4

Alter ab 5

Nur für x-beinige Piraten!

■ Der Weg zum Schatz wird erschwert durch ein zwischen die Knie geklemmtes Kissen, das unterwegs nicht verloren gehen darf.

■ Material: pro Kind ein kleines Kissen, ein Kistchen mit Süßigkeiten, Luftschlangen und flatterige Tücher, feste Schnur

Die Schnur wird an verschiedenen Möbelstücken so befestigt, dass sie mehrmals das Zimmer (am besten den Flur) überspannt. Darauf werden die Luftschlangen und Tücher verteilt. An einem Ende des Zimmers stehen die Kinder an der Startlinie, am anderen Ende des Raumes wartet die wohlgefüllte Kiste.

Die Geschichte des Spiels ist folgende: Eine Bande von Piraten hat endlich die Schatzhöhle entdeckt. Leider wird der Weg dorthin durch viele von der Decke des Gewölbes herabhängende Spinnweben erschwert. So kommt es, dass jeder den Beutel, in dem er seinen Anteil der Beute wegschleppen will, zwischen die Knie klemmen muss. Die Hände muss er ja frei haben, um die Spinnweben beiseite halten zu können.

Die Kinder machen sich einzeln auf den Weg. Das Kissen symbolisiert den Beutel, der nicht verloren gehen darf.

Erreicht das Kind mit Kissen die Kiste, darf es sich ein Stück daraus nehmen und den Weg genauso wieder zurücklegen. Erst wenn es die Startlinie wieder passiert hat, startet der nächste Pirat. Wer auf dem Hinweg seinen Beutel verliert, muss dort, wo er zu Boden fiel, warten, bis die Reihe wieder an ihn kommt. Zwar geht der arme Pirat in der betreffenden Runde leer aus, hat in der nächsten aber einen kleinen Vorsprung. Wer auf dem Rückweg die Knie nicht mehr zusammenhalten kann, muss ebenfalls dort, wo das Kissen herunterfällt, stehen bleiben und eine Runde aussetzen. Das Spiel ist zu Ende, wenn die Piraten die Schatzkiste geplündert haben.

Kontakt unerwünscht!

Spieler
viele

Alter
ab 6

■ **Ein „blinder" Kandidat hat die Aufgabe, über eine Reihe liegender Gäste hinwegzusteigen, ohne sie zu berühren. Da sich aber alle unbemerkt aus dem Weg rollen, stelzt der Kandidat ganz unnötig über vermeintliche Hindernisse.**

■ **Material: ein Tuch oder Schal**

Der Kandidat zieht freundlicherweise schon einmal die Schuhe aus, während der Spielleiter die anderen Gäste bittet, sich im Abstand einer Fußbreite in einer Reihe auf den Boden zu legen. Dabei sind sowohl Bauch- als auch Rücken- und Seitenlage erlaubt, hier und da kann ein Kopf abgestützt oder ein Bein angewinkelt sein. Die endgültige Lage darf der Kandidat sich eine Weile einprägen, dann muss er sich umdrehen. Während der Spielleiter ihm die Augen verbindet, gibt er noch einige Tipps zur Bewältigung des Parcours und auch die

„Liegenden" erzeugen einen gewissen Geräuschpegel, indem sie sich möglichst laut unterhalten, zum Beispiel: „Nimm lieber den Arm herunter, sonst stolpert jemand darüber!" oder „An deiner Stelle würde ich das Bein lieber anziehen, man weiß ja nie ..." oder „Nun nimm doch mal den Fuß aus meinem Gesicht!"

Währenddessen stehen alle Spieler so schnell und so geräuschlos wie möglich auf und suchen sich ein Plätzchen am Rande des Spielfeldes. Dann kehrt Ruhe ein, und der Kandidat macht sich auf den Weg.

Der Spielleiter gibt ihm wertvolle Hinweise wie: „Den Fuß jetzt noch eine Idee höher, ja, genau und jetzt Vorsicht: etwas mehr links aufsetzen, noch mehr links, noch mehr ... ja richtig. Jetzt noch einen weiten Schritt, weit ausholen, sonst schaffst du's nicht!" usw.

19

Spieler
mind. 5

Alter
ab 4

Armer schwarzer Kater

■ **Ein Kreisspiel, bei dem ein Kind als Kater um Mitleid wirbt. Das Trost spendende Kind muss um den Preis eines Pfandes ganz ernst bleiben, während alle anderen versuchen, es zum Lachen zu bringen.**

■ **Material: eine Katzenmaske**

Bevor das Spiel losgeht, wird der „schwarze Kater" ausgezählt, der die Maske aufsetzen darf. Abzählreime findest du auf Seite 58/59. Alle anderen Kinder setzen sich im Kreis auf Stühle oder auf den Fußboden.

Der Kater geht nun auf allen vier Pfoten, wie Katzen es nun einmal tun, zu einem Mitspieler und miaut dabei ganz kläglich. Er darf auch am Pullover zupfen oder sich ankuscheln.

Das jeweilige Kind streichelt den Kater und versucht, ihn zu trösten. Dabei darf es nichts anderes sagen als „Armer

schwarzer Kater". Vor allem muss es ganz ernst bleiben und darf noch nicht einmal grinsen. Das ist gar nicht so einfach, weil alle anderen Kinder lachen dürfen und sogar noch versuchen, den „Tröster" mit lustigen Bemerkungen und Witzen zu irritieren. Dauert dem Kater das Trösten zu lange, sucht er Trost bei einem anderen Kind.

Gelingt es dem Tröster nicht, ernst zu bleiben, muss er ein Pfand abgeben und spielt von nun an den armen schwarzen Kater.

Wer hat den Schatz?

■ **Ein Ring wandert von einer Hand zur anderen. Ein Spieler soll bestimmen, wer ihn gerade hält.**

■ **Material: eine lange Schnur, ein Ring**

Ein Schatz macht glücklich, ein heimlicher um so mehr. Das verrät der Besitzer aber meistens durch ein glückliches Gesicht. Das ist die Chance für den Spieler, der den Aufenthaltsort des Ringes bestimmen soll.

Die Kinder sitzen eng beieinander im Kreis. Alle halten mit beiden Händen – Hand an Hand – eine Schnur umschlossen. Auf die Schnur wird ein Ring – der Schatz – gezogen. Dann wird die Schnur zusammengeknotet.

Nun wandert der Schatz von Hand zu Hand, indem er auf der Schnur weiter geschoben wird. Dabei darf er nicht zu sehen sein. Die Hände müssen also sehr eng nebeneinander greifen. In der Mitte des Kreises steht nämlich ein Spieler, dessen Aufgabe es ist, den Ring zu finden.

Ob die Beobachtung der Hände allein ihn dabei weiterbringen wird? Wahrscheinlich muss er gleichzeitig darauf achten, auf wessen Gesicht sich dieser eigentümliche Besitzerstolz zeigt, und dann blitzschnell zuschlagen. Hat er richtig getippt, darf er den Platz desjenigen einnehmen, bei dem der Ring gefunden wurde.

21

Nicht verplappern!

Spieler
mind. 5

Alter
ab 6

■ **Ein Kind bekommt Fragen gestellt und darf sie nicht beantwor-
ten. Wer trotzdem spricht, hat
verloren.**

Die Kinder sitzen im Kreis. Sie zählen
aus, wer als erster Fragen stellen darf.
Derjenige stellt sich vor einen beliebi-
gen Mitspieler und beginnt, ihn auszu-
fragen. Worauf die Fragen sich bezie-
hen, ist völlig egal. „Hast du heute
schon zu Mittag gegessen?" ist genauso
zulässig wie die Frage „Warum hast du
Stiefel an?" Um was es auch immer
geht, der Gefragte darf auf keinen Fall
antworten.

Das erledigt sein Nachbar zur Linken
nämlich für ihn! Aber das macht die
Sache nicht einfacher. Erstens ist der
Gefragte nicht unbedingt damit einver-
standen, was da in seinem Namen

geantwortet wird, und möchte gern
etwas richtig stellen, genauer erklären
oder auch nur einen Kommentar dazu
abgeben. Und zweitens lässt der Fragesteller ja nicht von ihm ab. Der guckt
den netten Nachbarn gar nicht an und
lässt sich nicht einen Moment davon
abbringen, dem Gefragten doch vielleicht noch ein Wörtchen zu entlocken.

Irgendwann ist es bei jedem so weit.
Dann fällt ganz spontan eine Antwort
oder die Antwort des Nachbarn wird
ein bisschen nachgebessert. Der Gefragte hat gesprochen und sich damit
zum neuen Fragesteller ernannt. Er
macht sich gleich auf die Suche nach
einem Mitspieler, den er ausquetschen
kann.

Der alte kann sich nun ganz entspannt
auf den frei gewordenen Platz fallen
lassen und beobachten, wie der neue
Fragesteller seinen Job ausübt.

Jedem das seine!

■ **Wer erkennt seinen Schuh mit verbundenen Augen?**

■ **Material: pro Kind ein Tuch oder ein Schal, einige kleine Preise**

Zu Anfang des Spiels wird ein Spielleiter benannt. Die Kinder ziehen ihren linken Schuh aus. Nachdem alle Schuhe auf einen großen Haufen geworfen wurden, verbinden sich die Kinder die Augen. Damit auch ganz sicher niemand schnurstracks auf seinen Schuh zugehen kann, dessen Position er sich gemerkt hat, fassen sich alle Kinder bei den Händen und laufen einmal um den Schuhberg herum.

Und dann geht's los! Jeder versucht so schnell wie möglich, das Pendant zum verbliebenen rechten Schuh zu finden. Wer es entdeckt hat, bekommt einen Preis. Die anderen suchen hektisch weiter, denn die Preise werden immer klei-

ner, je später man seinen Fund meldet. Zwischenrufe wie: „Karina, ich hab hier deinen Lackschuh, hast du vielleicht meine Sandale gefunden?" sind übrigens verboten. Jeder ist auf sich allein gestellt und muss alles, was als „nicht-mein-linker-Schuh" identifiziert wurde, kommentarlos auf den Haufen zurückwerfen. Dazu gehören auch Dinge, die einem in dem Durcheinander zufällig in die Hände fallen: Sofakissen, herrenlose Socken, der Teddy ...

Ein Spielleiter, der auch die Preisverteilung vornimmt, achtet darauf, dass wirklich alles auf einem Haufen landet und keine Nebendepots entstehen. Und außerdem: Bösartiges Verstecken fremder Fußbekleidungen hinter Übertöpfen oder in Papierkörben wird mit Strafaufgaben belegt!

Spieler mind. 10

Alter ab 5

Grasgrüner Glibber

■ **Ein Frage- und Antwortspiel, bei dem die Lacher ausscheiden.**

■ **Material: ein geknotetes Taschentuch**

Die Kinder sitzen im Kreis. Ganz willkürlich wird das geknotete Taschentuch von einem zum anderen geworfen, jeweils mit einer kurzen Frage verbunden.

„Was liegt denn hier herum?"

„Was wünschst du dir zum Geburtstag?"

Das könnten die Fragen sein, auf die derjenige, der das Tuch auffängt, immer nur antworten darf: „Grasgrüner Glibber."

Überkommt denjenigen, der die Frage stellt oder den, der sie beantwortet, ein Lachanfall, muss er ausscheiden.

„Wie siehst du denn heute aus?"

„Grasgrüner Glibber!"

„Wie heißt dein Bruder?"

„Grasgrüner Glibber!"

„Was hörst du am liebsten?"

„Grasgrünen Glibber!"

„Was hast du heute gefrühstückt?"

„Grasgrünen Glibber!"

Wohl bekomm's, und trotzdem weiter viel Spaß!

24

Der holprige Wettlauf zwischen Fuchs und Igel

Spieler mind. 5

Alter ab 8

25

■ **Ein Satz, der die Wettlaufsituation beschreibt, wird von den Mitspielern nachgesprochen. Dabei wird er nicht nur in einzelne Worte zerlegt, sondern ändert sich auch noch ständig.**

Die Kinder sitzen im Kreis. Der Spielleiter beginnt, indem er einmal den ganzen Satz langsam vorspricht:

„Ein Fuchs und zwei Igel liefen um die Wette, ratz-fatz!"

Eventuell wiederholt er ihn ein zweites Mal, damit auch jeder die einzelnen Worte versteht. Dann spricht die ganze Runde den Satz nach. Jeder sagt dabei aber nur ein Wort:

„Ein – Fuchs – und – zwei – Igel – liefen – um – die – Wette – ratz – fatz!"

Auch dieses Schema wird durch eine Wiederholungsrunde gefestigt. Aber dann geht es in ungebremstem Tempo weiter. In der zweiten Runde laufen nämlich schon sechs Tiere dieses Wettrennen:

„Zwei – Füchse – und – vier – Igel – liefen – um – die – Wette – ratz – fatz!"

Jetzt heißt es gut aufpassen und richtig mitzählen!

Im wunderbaren Kinderkaufhaus

Spieler mind. 5

Alter ab 7

■ **Ein lustiges Nachsprechspiel im Kreis. Und jeder Mitspieler darf auch Schauspieler sein!**

Im wunderbaren Kinderkaufhaus gibt es die tollsten Sachen zu bestaunen. Alle Mitspieler kennen das Sortiment und können also etwas beisteuern, wenn einer anfängt zu schwärmen: „Im wunderbaren Kinderkaufhaus gibt es die kuscheligsten Schmusedecken der Welt."

Damit auch alle merken, wie kuschelig diese Decken sind, macht der Redner dazu eine entsprechende Geste. Entweder reibt er sein Gesicht an etwas offensichtlich sehr Weichem oder er rollt sich genüsslich in eine unsichtbare Kuscheldecke ein.

Sein Mitspieler linker Hand ist nun an der Reihe zu erzählen, was ihm im wunderbaren Kinderkaufhaus gut gefällt. Aber vorher muss er in Wort und Tat wiederholen, was sein Vorgänger zum Besten gegeben hat.

Er beginnt also mit: „Im wunderbaren Kinderkaufhaus gibt es die kuscheligsten Schmusedecken der Welt" – und begleitet das mit entsprechenden Gesten – „und außerdem noch echte, lebende Python-Schlangen!"

Tja, wer hätte das gedacht, im Kinderkaufhaus! Aber wie dem auch sei: Alle sehen fasziniert zu, wie der Schlangenliebhaber sich züngelnd über den Boden windet oder sich zischelnd vor dem nächsten Spieler aufbaut. Der muss, bevor er berichten kann, was er im wunderbaren Kinderkaufhaus entdeckt hat, schon zwei Begriffe und Spielszenen wiederholen. Wem bei der Wiederholung Fehler unterlaufen, der scheidet aus.

Und so geht es immer weiter, denn das wunderbare Kinderkaufhaus ist unwahrscheinlich reichhaltig ausgestattet und bietet immer neue Überraschungen. Kein Wunder, dass alle davon schwärmen!

26

Raumfahrer haben's auch nicht leicht!

■ **Ein Raumfahrer hat die Orientierung und seine Crew verloren. Er kann sie nur an ihrem persönlichen Sendeton erkennen.**

■ **Material: eine Papiertüte, eine Zeitung, Klebstoff, ein Stuhl weniger, als Kinder mitspielen**

Die Kinder stellen die Stühle zu einem Kreis auf und zählen einen ersten Raumfahrer aus. Der bekommt eine dekorierte Papiertüte als Helm aufgesetzt. Die Zeitung wird zu einer engen Rolle zusammengeklebt und dient als Antenne. Ist der Raumfahrer fertig ausgestattet, dreht man ihn ein paar Mal um die eigene Achse. Dann setzen sich alle Kinder hin und sind mucksmäuschenstill.

Der Raumfahrer bemüht sich nun, wenigstens einen seiner Gefährten wiederzufinden. Die Zeitungsrolle dient ihm als Antenne, mit der er seine Umgebung und auch einen vermeintlichen Gefährten ortet. Hat er sich nämlich zu der Stuhlreihe durchgetastet und ein Kind ausfindig gemacht, darf er sich auf dessen Schoß setzen. Dann umfährt er mit der Antenne vorsichtig

die Konturen des Kindes. Das Kind bleibt völlig stumm, bis der Raumfahrer sagt: „Hier Raumfahrer Benjamin, erbitte Sendung!"

Jetzt macht das Kind mit verstellter Stimme ein Geräusch: z. B. „piep-piep" oder „tut-tuut".

Der Raumfahrer muss schon sehr genau hinhören, um bei dem schlechten Empfang seinen Gefährten erkennen zu können. Er darf einmal um Wiederholung des Signals bitten. Kann er das Kind dann immer noch nicht an der Stimme erkennen, muss er sein Glück bei einem anderen Kind versuchen. Erkennt er das betreffende Kind, darf der Raumfahrer den Helm abnehmen.

Das erratene Kind setzt den Helm auf auf und wird ein paar Mal herumgedreht. In der Zwischenzeit wechseln alle Kinder die Plätze. Wenn wieder Ruhe eingekehrt ist, macht sich der neue Raumfahrer auf die Suche nach den verschollenen Gefährten.

27

Ich hab' einen Brief bekommen!

■ **Ein Spiel mit einer „heimlichen" Regel, bei dem ein Taschentuch von Spieler zu Spieler geworfen wird. Es kommt auf die richtige Abwurfhand an und nicht auf die richtige Antwort.**

■ **Material: ein Taschentuch**

Derjenige, der das Spiel kennt, ernennt sich selbst zum Spielleiter und erkundigt sich, wer es schon einmal gespielt hat. Melden sich mehr als die Hälfte der Mitspieler, sollte man lieber ein anderes Spiel aussuchen. Ist das nicht der Fall, kann es losgehen.

Der Spielleiter wirft irgendjemandem im Kreis das geknotete Taschentuch zu und sagt: „Ich habe heute einen Brief bekommen, was stand wohl darin?"

Vorher hat er bestimmt, dass das Taschentuch sofort weitergeworfen werden muss und erst dann die Antwort auf seine Frage in Form eines einzelnen Tätigkeitswortes gegeben werden soll. Wer es umgekehrt macht, scheidet aus. Der erste Fänger des Taschentuchs hält sich an die Regel, wirft das Tuch sofort nach Empfang weiter und antwortet: „Schlafen!" „Nein", antwortet der Spielleiter, denn er hat gesehen, dass der Mitspieler mit der rechten Hand geworfen hat. Die geheime Regel dieses Spiels lautet aber, dass nur dessen Antwort als richtig gilt, der das Taschentuch mit der linken Hand weiterwirft. Nun fliegt das Tuch weiter und der nächste Werfer ruft:

„Arbeiten!" – „Ja!" antwortet der Spielleiter. Zufällig hat der Mitspieler tatsächlich die linke Hand für seinen Wurf benutzt, also gilt seine Antwort als richtig. Spätestens jetzt sind alle anderen auf eine völlig falsche Fährte gesetzt. Wenn nach einem Tätigkeitswort gefragt ist, „schlafen" als falsch, „arbeiten" aber als richtig gilt, geht das Rätsel raten los

Aber auch „hämmern", „waschen", „löten", „kochen" usw. sind nur dann richtig, wenn zuvor das Taschentuch mit der linken Hand weitergeworfen wurde. So folgen die Mitspieler mal dieser, mal jener Idee. Bis nach und nach alle darauf kommen, wo der Hase im Pfeffer liegt. Denn schließlich gibt es immer noch mehr Rechts- als Linkshänder. Das Spiel ist zu Ende, wenn auch der Letzte begriffen hat, dass er beim Wurf die linke Hand benutzen soll!

Spieler
mind. 5

Alter
ab 8

Onkel Otto ist krank

Spieler
mind. 5

Alter
ab 6

■ **Die Lade einer Streichholzschach-tel schränkt die Sprechdeutlichkeit der Mitspieler erheblich ein. Trotz-dem erzählen sich alle von den Lei-den, die Onkel Otto plagen.**

■ **Material: für jeden Spieler die Lade einer Streichholzschachtel**

Mit vollem Mund zu sprechen, gilt nach wie vor als unfein. Aber in diesem Spiel ist es nicht nur erlaubt, sondern sogar gefordert. Es geht um die vielen, vielen Krankheiten, die Onkel Otto plagen. Von Spieler zu Spieler werden es immer mehr – und sie werden immer unverständlicher!

Die Kinder sitzen im Kreis. Der erste Spieler klemmt sich entschlossen die leere Lade der Streichholzschachtel zwischen die Zähne, beugt sich zu sei-ner Nachbarin linker Hand und sagt mit ernster Miene: „Ongel Oddo iff grang!" Was so viel heißen soll wie: „Onkel Otto ist krank!" Aber mit so einem großen Stück Pappe zwischen den Zähnen geht das eben nicht besser. Die Nachbarin lässt sich nicht irritieren, schaut den nuschelnden Mitspieler mitfühlend an und fragt: „Oh, der Arme, was hat er denn?" „Auhnersen!" O Backe, jetzt wird's schwierig. Was kann denn das bloß sein? Vorsichtig und höflich erkundigt sich die Nachba-rin noch einmal. „Wie bitte, ich habe dich nicht richtig verstanden. Was hat

dein Onkel?!" „Auhnersen!!!" Da kann man nichts machen, das Wort wird nicht deutlicher. Das ist im doppelten Sinne traurig.

Erstens wird die Nachbarin nie erfahren, dass der arme Onkel Otto wohl Bauch-schmerzen hat. Zweitens gerät sie in die peinliche Situation, dass sie das unaus-sprechliche Wort wiederholen muss, obwohl sie es nicht verstanden hat.

Die Regeln dieses Spiels besagen näm-lich, dass der informierte Mitspieler sein Wissen an den nächsten Nachbarn weitergeben und darüber hinaus ein weiteres Leiden des armen Onkels preisgeben muss.

Nun klemmt die Nachbarin sich selbst eine Streichholzschachtel-Lade zwi-schen die Zähne und beugt sich zu ihrem Nachbarn linker Hand und sagt: „O'gl Oddo isch rang!" Die Papplade wirkt sich bei jedem anders aus, aber wie gesagt, bei der ersten Zeile ist das nicht so schlimm. Dafür kommt's gleich umso dicker. „Der Arme! Was hat er denn?"

„Oun'sen un üne'oug'n!" Nichts ver-standen? Trotzdem: Die eigene Schach-tellade zwischen die Zähne klemmen und weitermachen! Irgendwie muss man seinem Nachbarn doch klar machen, dass Onkel Otto zu den Bauchschmerzen auch noch Hühner-augen bekommen hat!

31

Bloß nicht den Faden verlieren!

■ **Die Spieler erzählen nacheinander eine Geschichte weiter. Die Erzähldauer wird von der Länge einzelner Wollfäden bestimmt.**

■ **Material: viele verschieden lange Wollfäden, zu einem Knäuel aufgewickelt**

Die Kinder sitzen im Kreis. Ein Erzähler wird durch Auszählen bestimmt (Abzählreime S. 58/59), der den Anfang einer Geschichte erzählen soll und das Wollknäuel in die Hand bekommt. Zur Erleichterung kann man ein Thema (Ferien, Tiere u. ä.) oder eine bestimmte Erlebniswelt (Abenteuer, Gruselgeschichte u. ä.) absprechen.

Während des Erzählens wickelt das Kind das Knäuel stetig ab und erzählt so lange weiter, bis der erste Faden zu Ende ist. Dann wirft es das Wollknäuel einem Mitspieler seiner Wahl zu, der die Geschichte fortsetzen muss. Ebenfalls für die Dauer einer Fadenlänge.

Für ältere Kinder kann man den Reiz des Spieles erhöhen, indem man kleine Schwierigkeiten einbaut. Das Auftauchen eines Knotens im Faden könnte das Einführen einer neuen Person in die Geschichte bedeuten. Eine Schlaufe könnte heißen, dass nun der Schauplatz der Geschichte wechseln muss. Eine weitere Anforderung wird sein, die Geschichte zu einem glaubhaften oder witzigen Ende zu führen.

Mit Argusaugen wird das Schrumpfen des Knäuels beobachtet. Denn jeder versucht abzuchecken, wie groß die Gefahr sein kann, einen Schluss für die zusammengewürfelte Geschichte finden zu müssen.

Wie gemein, wenn dann zum Ende hin die Fäden immer kürzer werden, die Erzähler also häufig und schon nach kurzer Zeit wechseln! Erhält der Spieler, der die Geschichte zu Ende bringt, einen Preis, macht das die ganze Sache doppelt spannend.

Was kochen wir am Donnerstag!

■ **Ohne ins Stocken zu geraten, müssen Speisen und Getränke aufgezählt werden, die mit dem Anfangsbuchstaben des Wochentages beginnen. Für die genannten Begriffe werden Punkte vergeben.**

■ **Material: eine ausgestopfte Socke, Papier und Schreibstift**

Die Kinder sitzen im Kreis. Das Spiel beginnt, indem ein Kind einem anderen die Socke zuwirft und ruft: „Was kochen wir am Donnerstag?" Für jede genannte Speise gibt es 10 Punkte, für Wiederholungen werden 5 Punkte von der Gesamtzahl abgezogen. Wie aus der Pistole geschossen kommen die Antworten: „Dillhappen, Dorsch, Dauer-

wurst, Dinkelbuletten, Dosensuppe, äh..." Da ist er, der Hänger! Damit hat der Kandidat 50 Punkte gewonnen, die für ihn notiert werden, und wirft nun die Socke weiter.

„Was kochen wir am Sonntag?" lautet die Frage des Donnerstags-Kandidaten. „Suppe, Sonnenblumenkerne, Sahne, Spinat, Sauerkraut, Sauerrahm, Sandkuchen, Sahnejoghurt, Sahnequark, Sauerbraten, Soße..."

Na, na, das ist etwas gemogelt! Für alle Worte mit „Sahne-" und „Sauer-" gibt es leider nur 5 Punkte.

Aber wer jetzt mit „Sonntag" drankommt, der muss sich was einfallen lassen!

33

Wie tanzt ein Bär den Mambo?

■ **Eine am Gürtel befestigte Zitrone soll in eine auf dem Boden stehende Schale manövriert werden.**

■ **Material: feste Schnur, ein Obstnetz, eine Zitrone, eine Schale, lateinamerikanische Musik**

Durch Auszählen (s. S. 58/59) wird ein Pärchen bestimmt, das die anderen Gäste aufs Köstlichste unterhalten wird. Aber das wissen die beiden nicht. Sie werden kurz vor die Tür geschickt, um dort eine Aufgabe zu erhalten. Währenddessen wird in der Mitte des Zimmers die Schale auf den Boden gestellt. Die anderen erfahren, dass die Kandidaten bei ihrer Rückkehr ins Zimmer ein Bärenpaar spielen werden, das dem Rhythmus lateinamerikanischer Tänze auf die Spur kommen will.

Vor der Tür bekommt das Pärchen natürlich nicht die Bärengeschichte erzählt, sondern folgende Aufgabe gestellt: Eine Zitrone soll ohne Zuhilfenahme der Hände in eine am Boden stehende Schale manövriert werden. Dazu wird die Zitrone in das Obstnetz geknotet und mit fester Schnur am Gürtel eines der Kandidaten befestigt. Wer von den beiden sich dafür zur Verfügung stellt, ist egal, denn beide müssen in gleicher Weise agieren. Die Schnur mit der Zitrone wird so kurz geknotet, dass der Spieler leicht in die Knie gehen muss, um mit der Zitrone wirklich den Boden zu berühren. Der

Partner/die Partnerin hat die nicht minder schwierige Aufgabe, dem Zitronenträger zu zeigen, wie er's machen soll. Das heißt, er darf sich nicht umgucken und zielen, sondern muss die Bewegungen nachvollziehen, die er vorgespielt (nicht vorgesagt!) bekommt, und hoffen, dass dabei die Zitrone irgendwann in der Schale landet. So stehen die beiden sich dann gegenüber und versuchen – unter lautem Gelächter der anderen Gäste – mit stummen Gebärden und locker in den Knien wiegenden Schritten zum Ziel zu kommen.

Alles klar? Dann Musik an, Tür auf, herein mit den Bären und viel Spaß beim lustigen Bären-Mambo!

Spieler
viele

Alter
ab 7

Nun wird's eng!

■ **Ein Tanzwettspiel auf Doppelseiten einer Tageszeitung, die immer kleiner gefaltet werden.**

■ **Material: eine Tageszeitung, Tanzmusik**

Die Kinder finden sich zu Pärchen zusammen, ein Spielleiter bleibt übrig oder wird ausgezählt. Jedes Paar erhält einen Doppelbogen einer Tageszeitung und breitet ihn auf dem Boden aus. Der Spielleiter macht den Kassettenrekorder an und sucht, je nach Alter und Geschmack der Kids, eine groovige, fetzige oder schmusige Musik aus. Bei einsetzender Musik beginnen die Pärchen miteinander zu tanzen, wobei, man ahnt es schon, die Ränder der Zeitungsbögen nicht überschritten werden dürfen. Beobachtet der Spielleiter einen solchen Übertritt, schickt er das betreffende Paar von der Tanzfläche.

Aber er hat noch eine andere wichtige Aufgabe: Von Zeit zu Zeit stoppt er die Kassette und gibt damit das Zeichen, die Zeitungsbögen einmal in der Mitte zu falten. Da wird's nach und nach ganz schön eng für die tanzenden Pärchen. Trotzdem gilt weiter das „Übertritts-Verbot".

Wer da wohl als Sieger-Paar übrig bleibt?

36

Kraken tanzen nicht!

■ **Ein Tanzwettspiel: Eine auf den Boden geklebte oder gezeichnete Krake darf bei Musikstopp nicht betreten werden.**

■ **Material: Papier und Krepp-Klebestreifen oder Kreide, Tanzmusik**

Als Vorbereitung für dieses Spiel wird der Tanzboden hergerichtet, der von einem riesigen Kraken (= achtarmiger Tintenfisch) beherrscht wird. Sein Kopf liegt in der Mitte der Tanzfläche, die Arme erstrecken sich in vielen Windungen bis zu den Rändern. Wer kann, malt das Ungeheuer einfach mit Kreide auf. Bei empfindlichen Teppichböden empfiehlt es sich, ein in der Form vereinfachtes Monster aus Papier mit Krepp-Klebeband aufzukleben. Dann zählen die Kinder einen Spielleiter aus und suchen sich einen Tanzpartner. Der Spielleiter betätigt den Kassettenrekorder und darf auch die Musikauswahl treffen.

Solange die Musik spielt, soll die ganze Tanzfläche genutzt werden. Sobald der Spielleiter die Musik stoppt, bleiben die Pärchen dort stehen, wo sie sich gerade befinden. Pech, wenn sie sich auf irgendwelchen Teilen des Kraken wiederfinden! Denn der versteht keinen Spaß und verschlingt jedes Paar, das ihm auf den Fangarmen oder gar auf dem Kopf herumtrampelt. Wer vom Spielleiter auf dem Kraken erwischt wird, muss mitsamt seinem Partner die Tanzfläche verlassen.

Das Pärchen, das sich bis zum Schluss den Fangarmen des Kraken entziehen konnte, hat einen Preis verdient!

Nicht locker lassen

■ **Ein Pärchen klemmt einen Luftballon zwischen die Stirnen und
trägt ihn so über eine festgelegte
Strecke.**

■ **Material: mehrere aufgeblasene
Luftballons**

Bei diesem Spiel reicht es nicht, sich
einigermaßen geschickt zu bewegen.
Zusätzlich muss man sich gut mit dem
Partner verstehen, denn nur wer sich
harmonisch und koordiniert mit seinem
Partner bewegt, hat Chancen dieses
Spiel zu gewinnen.

Die Kinder finden sich zu Paaren zusammen und erhalten einen prall auf-
geblasenen Luftballon. Dann nimmt
das erste Pärchen an der Startlinie Auf-
stellung; erst auf ein Signal klemmen
sich die beiden Kinder den Luftballon
zwischen die Stirnen. Dann gilt es, den
vorgeschriebenen Parcours möglichst
schnell und trotzdem fehlerlos zu bewältigen. Geht der Luftballon unterwegs verloren, darf er aufgehoben und
noch einmal neu in die richtige Position
gebracht werden. Aber das bedeutet
natürlich Zeitverlust! Platzt der Ballon
sogar, scheiden die beiden Pechvögel
aus. Erst, wenn ein Pärchen die Ziellinie
überschritten hat, startet das nächste.
Am Ende zeigt die benötigte Zeit, welches Paar einen Preis verdient hat.

Die Länge und der Schwierigkeitsgrad
des zurückzulegenden Parcours richtet
sich nach dem Alter der Kinder.

Für Vierjährige ist eine insgesamt ca.
8–10 Meter lange Strecke angemessen,
die um einen gekennzeichneten Wende-
punkt herumführt. Damit sind die Kleinen ausreichend gefordert. Sind die
Kinder älter, darf die Strecke auch län-
ger sein. Aber das schafft nicht unbedingt einen höheren Anreiz. Einige
Hindernisse sind da schon effektvoller!
Je nach Räumlichkeiten gibt es da die
unterschiedlichsten Möglichkeiten, z. B.:

● ein paar Stufen einbauen,

● über einen Stuhl klettern,

● vier Äpfel aufsammeln und an einem
  bestimmten Platz ablegen,

● über ein am Boden liegendes Seil
  balancieren,

● einmal hinknien und wieder aufstehen,

● um aufgestellte Flaschen im Slalom
  laufen,

● sich gegenseitig mit Joghurt oder Eis
  füttern usw.

Es empfiehlt sich, einen Spielführer zu
ernennen, der nicht nur die Zeit stoppt,
sondern auch Fehler notiert. Nach
einem vorher abgesprochenen Punkte-
system (z. B.: Balance-Akt über das Seil
= zehn Punkte) würde eine Fehlerbeno-

tung (z. B. drei Schritte neben das Seil getreten = drei Punkte Abzug) noch zusätzliche Spannung in das Rennen um den Preis bringen. Wohlgemerkt:

Alles das soll passieren, während das Pärchen den Luftballon festgeklemmt hält. Da kommen auch Teenies so richtig in Schwung!

Spieler mind. 6

Alter ab 8

Löffel-Poker

■ **Ein Kartenspiel mit Pfiff**
Bei vollständigem Quartett versucht jeder, einen Löffel zu ergattern, aber einer geht leer aus.

■ **Material: je nach Anzahl der Kinder ein bis zwei Kartenspiele, außerdem Teelöffel, einer weniger, als Mitspieler da sind**

Die Kinder sitzen an einem stabilen, unempfindlichen Tisch. Die Karten werden gut gemischt, jeder Spieler erhält fünf Karten. Übrig gebliebene Karten werden weggelegt.

Vordergründiges Ziel des Kartenspiels ist es, ein Quartett zu sammeln: vier Könige, vier Zehner, vier Asse usw. Das eigentliche Ziel des Spieles ist aber, auf jeden Fall einen Löffel zu gewinnen. Und zwar so: Alle Spieler nehmen auf Kommando „jetzt!" (das irgendjemand geben kann, die Rolle wird im Verlauf des Spiels wechseln) eine ihrer fünf Karten, legen sie verdeckt auf den Tisch und schieben sie, wieder auf Kommando „jetzt", an den Nachbarn rechter Hand weiter. Die Karte wird aufgenommen, einsortiert, eine nicht passende aussortiert und wie beschrieben an den Nachbarn weitergeschoben. Der Erste, der ein Quartett zusammen hat, darf sich einen der Löffel nehmen, die in der Mitte des Tisches liegen.

Das ist aber gleichzeitig das Signal für alle anderen Spieler, gleichgültig, ob sie sich auch im Besitz eines Quartettes befinden oder nicht, sich ganz schnell ebenfalls einen Löffel zu grapschen. Derjenige, der keinen Löffel abbekommen hat, muss sich als Schlafmütze bezeichnen lassen, was den Ehrgeiz erfahrungsgemäß kräftig anspornt.

Hat man sich ein paar Runden warm gespielt, kommen die Poker-Naturen zum Zuge. Man kann nämlich auch vortäuschen, ein Quartett auf der Hand zu haben, und einfach mal ganz vorsichtig eine Hand in Richtung Löffelberg schieben. Schon werden die eifrigsten der Mitspieler sich einen Löffel schnappen und haben doch verloren, denn es hatte ja noch niemand ein Quartett!

Genauso irreführend kann es sein, wenn ein Glückspilz schon sehr früh seinen Vierer beisammen hat und ganz bedächtig und beinah unbemerkt seinen Löffel vom Tisch nimmt. Bis die anderen es merken, können ein, zwei Runden vergehen, aber dann wird der Tisch unter dem geballten Ansturm der Löffeljäger ächzen und stöhnen! Je mehr Mitspieler dabei sind, desto schneller wird das Spieltempo und umso größer wird der Spaß!

40

Das stimmt doch nicht!

Spieler
mind. 5

Alter
ab 7

■ **Ein einfaches Kartenspiel, dessen Ziel es ist, die eigenen Karten so schnell wie möglich loszuwerden. Dabei kommt es aufs Bluffen und auf Risikobereitschaft an. Die Kinder sollten die Wertigkeit der Karten kennen; die Farben spielen keine Rolle.**

■ **Material: ein Romméspiel ohne Joker**

Die gemischten Karten werden unter den Mitspielern aufgeteilt. Das links vom Kartengeber sitzende Kind beginnt. Es legt eine Karte verdeckt in die Mitte des Tisches und behauptet z. B.: „Das ist eine Zwei."

Entweder stimmt es oder es ist gelogen, nur der Spieler selbst weiß das mit Sicherheit. Angenommen, der folgende Spieler glaubt seinem Vordermann, dann muss er nun eine Drei auf die verdeckte Zwei legen. Hat er eine, legt er sie verdeckt ab und kann guten Gewissens behaupten: „Das ist eine Drei."

Hat er keine Drei auf der Hand, bleibt ihm nichts anderes übrig, als möglichst überzeugend zu bluffen. Die folgenden Spieler legen nun eine Vier, eine Fünf, eine Sechs auf den Stapel, die ganze Reihe durch bis zum As hinauf. Dann wird wieder mit Zwei begonnen.

Logisch, dass da ein paar Leute lügen müssen, denn so optimal sind die Karten wohl in den seltensten Fällen verteilt, dass die beschriebenen Reihen immer auch genauso gelegt werden können. Zweifelt jemand stark an der Richtigkeit der Aussage seines Vordermannes, sagt er einfach:

„Das stimmt doch nicht!"

und dreht die verdeckt abgelegte Karte um. Und nun sind die Würfel gefallen! Hat der Vordermann wirklich gelogen und eine ganz andere Karte abgelegt als die, die gefordert war, dann muss er alle bis dahin gefallenen Karten aufnehmen. Hat er jedoch die Wahrheit gesagt, und es findet sich tatsächlich der genannte Bildwert – dann muss der, der den falschen Verdacht geäußert hat, alle Karten aufnehmen.

Will man richtig Spannung ins Spiel bringen, meldet man sich mit seinen Zweifeln erst zu Wort, wenn sich schon ein kleiner Stapel abgelegter Karten angesammelt hat oder einer der Mitspieler nur noch sehr wenige Karten auf der Hand hält. Damit wächst zwar das eigene Risiko, aber es besteht auch die Möglichkeit, einen Beinah-Gewinner ganz an den Schluss zu setzen! Gewinner wird nämlich, wer alle seine Karten abgelegt hat.

Eisbären auf Fischfang

■ **Ein Würfelspiel mit geheimer Spielregel**

■ **Material: 3 Würfel, Papier und Stift**

Dieses Spiel bietet eine prima Gelegenheit, Freunde und Spielgefährten ein bisschen an der Nase herumzuführen. Prima deshalb, weil die Lösung lachhaft simpel, das Erkennen der geheimen Regel aber wirklich nicht ganz einfach ist. Dabei zeigt sich das Vergnügen, die anderen ein bißchen zappeln zu lassen, von so harmloser Seite, dass sich keiner wirklich verletzt fühlen muss.

Es geht darum, nach dem Wurf dreier Würfel die genaue Anzahl der Eisbären zu nennen, die sich zum Fischfang um ein Eisloch versammelt haben.

Vor Spielbeginn versichert sich der Spielführer, dass niemand „den Eisbärenfischfang" kennt. Findet sich doch jemand, wird er zum Verbündeten, der hoffentlich ganz von allein weiß, dass er Stillschweigen bewahren muss. Sonst macht der Spielführer ihm das noch einmal möglichst unauffällig klar. Alle drei Würfel werden auf einmal geworfen. Der Spielführer stellt den Spielern nach jedem ausgeführten Wurf eine immer gleichlautende Frage. Sie lautet: „Wie viele Eisbären sitzen um das Eisloch herum?" Die möglichen Antworten der ahnungslosen Würfler werden von ungläubigem Stirnrunzeln über nervöses Gekicher bis zu hektischer Rechentätigkeit reichen (Schmierpapier für Zahlenakrobaten bereithalten!). Nach der üblicherweise falsch geratenen Bärenzahl nennt der Spielführer die richtige, ohne zu erklären, auf welche Art und Weise er sie errechnet hat und schreibt sie auf. Das Notieren der einzelnen Punktestände für jeden Mitspieler dient natürlich nur der reinen Augenwischerei. Es soll eben zugehen wie bei einem „richtigen" Würfelspiel!

Wer häufiger mit Würfeln spielt, weiß, dass unter Umständen mehrere Rechenarten, auch in Kombination, zur Lösung führen. So wird dann munter Zahl um Zahl addiert, subtrahiert, multipliziert usw. Und doch ist alles falsch!

Die Lösung: Es zählen die Würfelaugen, die um den zentralen Punkt (das Eisloch) bei ungeraden Zahlen liegen. Gerade Zahlen zählen deshalb gar nicht. Bei einer 5 sitzen 4 Eisbären um das Eisloch, bei einer 3 sind es nur zwei, eine 1 stellt das verlassene Loch ohne Bären dar. Für jeden Wurf werden alle Eisbären an allen Eislöchern zusammengezählt. Wirft also jemand eine 5, eine 6 und eine 3, werden ihm sechs Punkt gutgeschrieben. So simpel ist das also mit den Eisbärenfischfanglöchern, aber – psst! – nicht weitersagen!

Wem gehört diese Hand?

■ **Ein lustiges Erkennungsspiel**

■ **Material: ein großer Tisch**

Die Kinder teilen sich in zwei Gruppen. Die eine stellt sich an eine Seite des großen Tisches, die andere verschwindet darunter. Dann wird es mucksmäuschenstill. Plötzlich taucht eine Hand über der Tischkante auf, zeigt sich aber nur für kurze Zeit! Wem kann die wohl gehören?

Errät die Rategruppe das richtige Kind, muss es unter dem Tisch hervorkommen. Richtig spannend wird das Spiel, wenn für jedes geratene Kind Punkte vergeben werden. Dabei sollten die höchsten Punktzahlen am Anfang vergeben werden, wenn die Auswahl der dargebotenen Hände am größten ist. Später, wenn nur noch zwei oder drei Kinder unter dem Tisch hocken, ist die Schwierigkeit, das richtige Kind zu raten, ja nicht mehr allzu groß. Die Siegergruppe nach Punkten bekommt einen kleinen Preis.

46

Ich versteh' überhaupt nichts mehr!

■ **Die einzelnen Silben eines zusammengesetzten Wortes werden von entsprechend vielen Gruppen durcheinander gesprochen. Ein Kandidat soll erraten, um welches Wort es sich handelt.**

Ein freiwilliger oder ausgezählter Kandidat wird vor die Tür geschickt. Die Mitspieler einigen sich auf ein mehrsilbiges Wort, z. B.: „Warenlager", und teilen sich in vier Gruppen ein. Jeder Gruppe wird eine Silbe des Wortes „Warenlager" zugeteilt: Gruppe 1 „Wa", Gruppe 2 „ren", Gruppe 3 „la", Gruppe 4 „ger".

Nun darf der Kandidat das Zimmer wieder betreten und wird gleich mit lautstarkem Silben-Kauderwelsch empfangen. Jede Gruppe wiederholt ohne Pause immer die ihr zugeteilte Silbe, und zwar alle gleichzeitig, so lange, bis das richtige Wort erraten wurde. Die Schwierigkeit besteht nicht nur darin, die einzelnen Silben richtig zu verstehen, sondern sie dann auch noch richtig zusammenzusetzen. Ganz Gewiefte setzen beim Silbenspiel sogar noch ein Zeitlimit.

47

Lustige Reise zu den Eskimos

Spieler mind. 4

Alter ab 7

48

■ **Ein „Ich-verreise-und-nehme-mit-Spiel", das durch geheime Regeln besonders lustig wird.**

Ein Spieler wird als „Reiseleiter" ausgezählt. Die anderen sind die „Möchtegern-Mitreisenden", denn wer wirklich mitfahren darf, entscheidet sich erst im Laufe des Spiels. Dabei scheint der Reiseleiter eine völlig willkürliche Auswahl zu treffen, die keinem so recht einleuchten will. Er beginnt zum Beispiel so: „Ich reise ins Land der Eskimos und nehme meinen Nasenbären mit". Der erste Spieler versucht sein Glück. Es sollen wohl exotische Tiere ins Eskimoland transportiert werden, na bitte schön: „Ich reise ins Land der Eskimos und nehme eine Schlange mit!" „Du darfst nicht mit!" sagt Norbert, der Reiseleiter. Die zweite Bewerberin, Eva, überlegt, wie sie es besser machen kann. Wahrscheinlich geht es um exotische Tiere, aber um Vierbeiner. Also dann: „Ich reise ins Land der Eskimos und nehme meinen Elefanten mit!" „Gut, Eva!" sagt der Reiseleiter, „Dich nehme ich mit!"

Nun ist Karin an der Reihe. Für sie sieht es nach dem bisherigen Spielverlauf so aus, als sollten die Eskimos verschiedene Tiere aus warmen Ländern kennen lernen. Sie sagt: „Ich nehme ein Zebra mit!" „Du bleibst hier!", entscheidet

der Reiseleiter kurzerhand (warum bloß?) und eröffnet gleichzeitig die neue Spielrunde: „Ich reise ins Land der Eskimos und nehme meine Nähmaschine mit!"

Alle gucken sich staunend an. Wie passen exotische Tiere und diese blöde Nähmaschine denn bloß zusammen? Also geht es gar nicht darum, den Eskimos exotische Dinge vorzuführen? Norbert lacht sich ins Fäustchen und freut sich schon auf den Moment, in dem er seinen verblüfften Mitspielern eröffnen wird, wo das Geheimnis seiner Entscheidungsfindung liegt: Er nimmt jeden mit, der Dinge nennt, die mit dem Anfangsbuchstaben des eigenen Vornamens beginnen! Eva wird neben dem Elefanten also auch ein Ei, einen Esel und alles andere mitnehmen können, was mit „E" beginnt.

Ganz wichtig: Die Mitspieler dürfen ihre Vermutungen über die „Mitreiseregelung" des jeweiligen Reiseleiters nicht untereinander austauschen! Nach und nach dämmert es dem einen oder anderen, aber es wird nichts verraten. Allmählich wird immer klarer, wann man mitreisen darf. Das Spiel ist erst zu Ende, wenn auch der letzte Mitspieler das Rätsel gelöst hat.

Weitere Auswahlkriterien für „Möchtegern-Mitreisende" könnten sein:

- Die Mitbringsel müssen aus einem bestimmten Material sein (Holz, Metall, Plastik).

- Sie müssen eine bestimmte Farbe haben.

- Sie müssen genießbar sein.

- Sie müssen für das Reiseziel und die Menschen dort absolut unsinnig sein (z. B. Skistiefel, Eiskratzer oder Wollmütze für die Südseeinsel).

So gut kenne ich dich

■ **Ein Kennenlernspiel für Gruppen**
Jeweils ein Spieler muss raten, welche Dinge sein Partner gern mag oder wählen würde.

■ **Material: Papier, Stifte, Klebestreifen und z. B. Poster, Kuscheltiere, Süßigkeiten, Puppen, Kleidungsstücke**

Für dieses Spiel braucht man etwas Vorbereitungszeit, aber schon die Vorbereitungen machen sehr viel Spaß. Es geht darum, dass je ein Spieler den Geschmack, bestimmte Vorlieben und Eigenarten eines Partners einschätzen soll. Da macht es wenig Sinn, dass sich zwei als Spielpaar zusammentun, die sowieso ständig zusammen sind (obwohl auch das bei älteren Spielern sehr lustig werden kann!). Es werden also zunächst Lose angefertigt, um willkürlich Paare zu ermitteln. Dann überlegt man, welche Aufgaben die einzelnen Paare bewältigen müssen.

Hier einige Anregungen:

● Auf einem Tisch liegen viele unterschiedliche Süßigkeiten: Schokolade, Fruchtgummi, Lakritz, Kekse. Was wird der Spielpartner sich herausgreifen?

● Auf einem Sessel liegt eine Jacke, die der Kandidat anziehen soll. Mit welchem Arm wird der Spielpartner zuerst hineinschlüpfen?

● In einer Ecke sitzen viele große und kleine Kuscheltiere. Welches würde der Spielpartner mit in die Ferien nehmen?

● An einer Zimmerwand hängen viele Star-Poster. Mit welchem Star würde der Spielpartner gern einmal auf den Jahrmarkt gehen?

● Auf einem Tisch liegen Blätter und bunte Stifte bereit. Was wird der Spielpartner innerhalb von 30 Sekunden malen? Eine Blumenwiese/ein Auto/ein Haus mit Garten?

● Auf einem Wäscheständer hängen viele verschiedene Kleidungsstücke. Welches davon würde der Spielpartner nie und nimmer anziehen?

● Wenn der Spielpartner sein Zimmer neu einrichten dürfte, welche Farben würden darin vorherrschen?

● An einer Zimmerwand hängen viele Tierbilder. Welches Tier würde der Spielpartner bei freier Auswahl gern zu Weihnachten geschenkt bekommen?

Je nach Anzahl, Alter und Konzentrationsfähigkeit der Kinder sollten nicht allzu viele Stationen aufgebaut werden. Sonst treten bei allem Vergnügen doch irgendwann gewisse Ermüdungserscheinungen auf. Bei ausreichendem Platz und vielen guten Einfällen kann man dann lieber nach zwei oder drei Durchgängen neue Stationen einführen und entsprechend viele alte dafür weglassen.

Zu Beginn des Spiels ziehen alle Mitspieler ein Los. Diejenigen, die eine identische Ziffer oder ein identisches Zeichen vorfinden, werden ein Spielpaar. Es empfiehlt sich, gleich auf einem der Lose eines Pärchens eine Startnummer zu vermerken. Das erste Pärchen verständigt sich, wer von ihnen vor die Tür gehen soll. Ist der Kandidat aus dem Zimmer verschwunden, geht der Spielleiter (= der Gastgeber) mit dem zurückgebliebenen Partner möglichst zügig die einzelnen Fragestationen durch. Alle Zuschauer merken sich die Antworten. Dann wird der Kandidat hereingebeten und absolviert ebenfalls alle Stationen. Für jede Antwort, die mit der Einschätzung des Spielpartners übereinstimmt, bekommt das Paar einen Punkt. Der Punktestand wird notiert. Dann kommt das zweite Paar an die Reihe. Das Pärchen, das die höchste Punktzahl erreichen konnte, erhält einen Preis. Aber bis dahin wird so mancher, der meinte, sich im Freundeskreis gut auszukennen, ganz schöne Überraschungen erleben!

51

Von Flensnover nach Barcefurt

Spieler mind. 2

Alter ab 8

■ **Die Namen von Städten, die entlang einer Reiseroute liegen, sollen erkannt und wieder richtig zusammengesetzt werden.**

■ **Material: Papier und Stifte, ein Atlas**

Familie Hansen macht Urlaub in Spanien. Sie starten mit dem Auto in einer Stadt an der Ostsee, die so weit nördlich liegt, dass die Möwen schon dänisch schreien. Papa Hansen hat eine Route gewählt, die durch das westliche Deutschland und halb durch Frankreich führt. Der Zielort liegt an der spanischen Mittelmeerküste. Die Namen aller großen Städte, durch die der Weg führt, hat Papa Hansen auf einen Zettel geschrieben. Doch die Tochter hat den Zettel in tausend kleine Fetzen gerissen. Dabei sind alle Städtenamen auseinander gerissen worden, so dass Familie Hansen erst die Liste wieder zusammenpuzzeln muss, bevor die Fahrt losgehen kann.

Kannst du helfen?

Flens – nover =
Rends – brücken =
Ham – blenz =
Han – feld =
Biele – mund =
Dort – sen =
Es – burg =
Düssel – lona =
Ko – dorf =
Frank – burg =
Saar – burg =
Nan – pignan =
Ly – lon =
Di – cy =
Avig – non =
Nar – jon =
Cha – bonne =
Per – on =
Barce – furt =

Je nach Alter der Kinder lässt sich das Städtepuzzle einfacher oder schwieriger gestalten. Familie Hansen kann auch mal zum Kaffeetrinken bei der Oma in Hamburg vorbei schauen oder auf dem Rückweg Onkel Knut im Bayerischen Wald besuchen.

Gewonnen hat der, der zuerst die Reiseroute im Atlas zeigen kann.

54

Wer weiß Bescheid?

■ **Kurze, aber typische Inhalte aus den bekanntesten Märchen werden vorgelesen. Wer weiß, zu welchen Märchen sie gehören?**

■ **Material: Papier und Stift**

Ein Erwachsener oder ein älteres Geschwisterkind bereitet einen Zettel mit kurzen Texten vor, die eindeutige Hinweise auf bestimmte Märchen geben. Dabei kommt es nicht so auf die korrekte Wiedergabe des Originaltextes an. Wichtig ist, dass der Sachverhalt klar wird. Bei kleineren Kindern sind Blätter mit entsprechenden Abbildungen oder Bildern hilfreich, die gleichzeitig mit dem Text präsentiert werden. Wer ein Märchen richtig erkannt hat und sich als Erster meldet, bekommt eine Belohnung.

Hier einige Textbeispiele:

● Die arme Prinzessin saß ganz allein oben in ihrem Turm. Zum Glück hatte sie einen ganz langen Zopf, an dem ihr Liebster zu ihr hinaufklettern konnte. Aber den ließ sie erst aus ihrem kleinen Fenster baumeln, wenn der Prinz ihren Namen rief. (Rapunzel)

● Als die Prinzessin sich gepiekst hatte, ließ der Koch den Löffel fallen, die Zofe hörte auf, die Kleider zu bürsten und die Bienen in der Rosenhecke hörten auf zu summen. Alle, alle im Schloss schliefen dann hundert Jahre. (Dornröschen)

● Das arme Mädchen traute seinen Augen nicht, als es das wunderschöne Ballkleid sah. Schnell warf es seine schmutzigen Sachen weg, zog das Kleid und die schönen Schuhe an und lief zur Kutsche, die vor dem Haus wartete. Sie fuhr sofort los und hielt erst an, als sie das Schloss des Prinzen erreicht hatte. (Aschenputtel)

● Als die böse Schwiegermutter hörte, was der Spiegel sagte, verkleidete sie sich als Bettlerin und packte einen vergifteten Apfel in ihren Korb. (Schneewittchen)

● „Dich küss' ich nicht!" schrie die Prinzessin und warf das garstige Tier an die Wand, dass es klatschte. (Froschkönig)

● Die Frau und der Mann erschreckten sich etwas, als sie ihr Kind sahen, aber dann freuten sie sich doch ganz riesig. Sie polsterten eine Walnussschale weich aus und legten das Kind in dieses Bettchen hinein. (Der kleine Däumling)

● Das kleine Mädchen hatte sich so auf die Großmutter gefreut! Aber als es mit dem Kuchen und den Blumen vor ihrem Bett stand, kam die Oma ihm ziemlich komisch vor. (Rotkäppchen)

● Der arme Fischer traute sich kaum noch zum Strand hinaus, aber seine Frau ließ ihm keine Ruhe. Also ging er zum Meer hinunter und sagte dem großen Fisch, was seine Frau nun schon wieder wollte. (Der Fischer und seine Frau)

Hast du Taktgefühl?

Spieler mind. 5

Alter ab 7

■ **Inhalt des Spiels ist ein Täuschungsmanöver: Ein Löffel wird von Spieler zu Spieler weitergereicht. Entscheidend ist aber nicht der Takt, der dabei geklopft wird, sondern dass die Übergabe mit der linken Hand erfolgt.**

■ **Material: 1 Teelöffel**

Voraussetzung für dieses Spiel ist, dass es nur ein oder zwei Mitspieler kennen. Die Kinder sitzen im Kreis um einen Tisch. Eines nimmt den Teelöffel in die rechte Hand, klopft einen bestimmten Rhythmus auf die Tischplatte und reicht den Löffel dann mit den Worten: „Wer das nicht packt, hat keinen Takt!" mit der linken Hand an seinen Nebenmann weiter. Der versucht, den Takt nachzuklopfen und gibt dann seinerseits den Löffel ab. Tut er das mit der rechten Hand, muss man ihm leider jedes Taktgefühl absprechen. Benutzt er dazu die

linke Hand, lobt man sein gutes Taktgefühl, auch wenn der Rhythmus überhaupt nicht stimmte. Es ist völlig egal, welcher Takt tatsächlich geklopft wird. Das Urteil „gut" oder „nicht gut" hängt ausschließlich davon ab, ob die richtige Hand für die Übergabe des Löffels benutzt wurde. Das Spiel ist zu Ende, wenn das alle begriffen haben.

Der große Spaß besteht nicht nur darin, hinter das Geheimnis zu kommen. Mindestens genauso lustig ist es, schließlich als einer der Eingeweihten darauf zu lauern, wann die anderen es endlich kapieren und je nach Laune entweder Erkennungshilfen zu geben oder Täuschungsmanöver zu starten. Dauert es zu lange, bis der Groschen fällt, kann man die Übergabe des Löffels sehr deutlich betonen. Manchmal muss dem Taktgefühl eben auf die Sprünge geholfen werden!

Du oder ich?

Spieler
2

Alter
ab 5

■ Knobeln als Alternative zu Abzählreimen bei nur zwei Spielern

Auch bei Spielen, die nur zu zweit gespielt werden, muss einer beginnen. Da bietet sich das Knobeln an – ein spannender Zeitvertreib auch einfach „nur so".

Die beiden Kinder stehen sich gegenüber und ballen eine Hand zur Faust. Sie schwingen die Fäuste hin und her, während sie gemeinsam bis drei zählen, und formen dann die geballte Hände gleichzeitig zu folgenden Zeichen:

● Eine flach ausgestreckte Hand bedeutet **„Papier"**.

● Gespreizte Zeige- und Mittelfinger, bei sonst geschlossener Hand, bedeuten **„Schere"**.

● Die weiterhin geballte Faust bedeutet **„Stein"**.

● Zeigefinger und Daumen an den Spitzen aneinandergelegt bedeuten **„Brunnen"**.

Für die Wertung gilt:

Das **Papier** gewinnt gegen den Stein (wickelt es ein) und gegen den Brunnen (deckt ihn zu), aber verliert gegen die Schere (wird von ihr zerschnitten).

Die **Schere** gewinnt gegen das Papier, verliert aber gegen den Stein (bricht an ihm) und gegen den Brunnen (fällt hinein).

Der **Stein** gewinnt gegen die Schere, aber verliert gegen den Brunnen (fällt hinein) und gegen das Papier (wird von ihm eingewickelt).

Der **Brunnen** besiegt die Schere und den Stein, verliert aber gegen das Papier (deckt ihn zu).

Es werden drei Durchgänge absolviert. Wer zwei davon für sich entscheiden konnte, hat gewonnen.

Haben beide Spieler dasselbe Zeichen zur selben Zeit gewählt, gilt das als unentschieden, die Runde muss wiederholt werden.

57

STEIN   PAPIER   SCHERE   BRUNNEN

Abzählreime

1, 2, 3, 4, 5,
strick mir ein Paar Strümpf.
Nicht so groß und nicht zu klein,
sonst bist du ein Eselein.
Auf dem Baum ist ein Ast,
auf dem Ast ist ein Nest,
in dem Nest ist ein Ei,
in dem Ei ist ein Dotter,
in dem Dotter ist eine Maus
und du musst hinaus!

Der Kreis ist rund
da läuft ein Hund,
da läuft eine Kuh,
und suchen musst du!

58

Da droben auf dem Berge,
da tanzen zwei Zwerge,
sie sind winzigklein,
und du musst es sein!

Bim, bam, beier,
die Katz frisst keine Eier.
Was frisst sie dann?
Speck aus der Pfann!

Sitzt ein Männlein auf dem Stein,
mag kein Wasser,
will nur Wein.
Du musst es sein!

Eins, zwei, drei,
Butter in den Brei,
Salz auf den Speck,
du musst weg.

Eins, zwei, drei, vier,
auf dem Klavier
sitzt eine Maus,
und du bist raus!

Einer muss uns fangen,
einer muss raus.
wer wird es sein,
Katz oder Maus?

Plitsch und Platsch, zwei
Wassertröpfchen,
fallen auf die Blumenköpfchen,
springen in den Bach hinein,
und du musst es sein!

Ich und du,
Müllers Kuh,
Müllers Esel,
der bist du!

Fidaritz und fidaratz
die Maus, die ist kein Spatz,
der Spatz ist keine Maus,
und du bist raus!

Zipp, zapp,
Knopp ist ab,
so ein Dreck,
du bist weg!

Eins, zwei, drei,
alt ist nicht neu,
neu ist nicht alt,
heiß ist nicht kalt,
kalt ist nicht heiß,
hier ist nicht dort,
du musst jetzt fort!

Nudelsuppe und Salat,
rate, was's geschlagen hat,
dreimal dreizehn,
neun mal neun,
wer nicht will,
der muss es sein!

Ene, dene Tintenfaß,
geh in die Schul und lerne was!
Wenn du was gelernt hast,
komm zu mir und sag mir was!
Eins, zwei drei,
du bist frei!

Bim, bam, bum,
du bist dumm,
bim, bum, bam,
du bist dran!

59